全国中等职业技术学校汽车类专业

汽车电控车身习题册

中国劳动社会保障出版社

图书在版编目(CIP)数据

汽车电控车身习题册/陈星光主编. -- 北京：中国劳动社会保障出版社，2018
全国中等职业技术学校汽车类专业
ISBN 978-7-5167-3715-6

Ⅰ. ①汽… Ⅱ. ①陈… Ⅲ. ①汽车-车体-电子系统-控制系统-中等专业学校-习题集 Ⅳ. ①U463.6-44

中国版本图书馆 CIP 数据核字(2018)第 249498 号

中国劳动社会保障出版社出版发行
(北京市惠新东街 1 号 邮政编码：100029)

*

北京市艺辉印刷有限公司印刷装订 新华书店经销
787 毫米×1092 毫米 16 开本 3.25 印张 76 千字
2018 年 11 月第 1 版 2023 年 12 月第 3 次印刷
定价：6.00 元

营销中心电话：400-606-6496
出版社网址：http://www.class.com.cn
http://jg.class.com.cn

目　录

第一章 汽车车身电控系统概述

一、填空题（请将正确答案填在横线上）

1. 汽车车身电控系统主要包括____________、____________、____________及其他车身电控系统等。

2. 汽车车身电控系统是用来提高车身____________、____________及____________进行控制的系统。

3. 汽车安全系统主要包括____________、____________、________________________、__________、____________等系统。

4. 汽车车身舒适系统主要包括______________、______________、______________、______________、________________、________________等系统。

5. 汽车娱乐与通信系统主要包括____________、____________、____________、__________、____________等系统。

6. 根据车身电控系统的总体架构，汽车车身电控系统可分为___________、___________、___________和___________4 种方式。

7. 汽车电控系统将向____________、__________和____________三个方向发展。

二、选择题（请将正确答案选项填在括号内）

1. （　　）系统可在汽车发生碰撞时保护乘员，减小伤害程度，现在已经作为标准配置在轿车上普遍安装。

A. 安全气囊　　B. 安全带　　C. 电动座椅　　D. 胎压监测

2. 当汽车发生碰撞时，（　　）系统收紧器收紧，将乘员固定在座椅上，限制乘员的惯性运动，预防乘员出现二次碰撞伤害（或减轻二次碰撞伤害），从而达到保护乘员的目的。

A. 安全气囊　　B. 安全带　　C. 电动座椅　　D. 胎压监测

3. 现代汽车中所使用的电子控制系统和通信系统越来越多，这些系统之间均需要进行数据交换。通过（　　）系统可以实现多路控制和各模块之间的数据共享等功能，使控制变得更加方便、可靠。

A. 汽车组合仪表　　B. 车载电话　　C. 车载网络　　D. 汽车音响

4. （　　）车身电控系统是指各个车身电气子系统是独立控制的，相互之间没有通信关系。其车身电控系统成本低，开发相对容易，配置灵活，不影响其他车身电器，成本也随配置变化而变化。

A. 分散式　　B. 集中式　　C. 分布式　　D. 以上都不正确

5. 下列（　　）选项不是集中式车身电控系统的优点。

A. 车身控制功能得到大大加强，整车车身电器的故障诊断变得容易

B. 由于集中控制，从而使硬件资源得到更充分的利用

C. 在同等技术状态的前提下，可以使车身电控系统总体成本得到降低

D. 相比分散式系统，其车身控制模块开发难度大大提高

三、名词解释

1. 分布式车身电控系统

2. 混合式车身电控系统

四、简答题

1. 简述分布式车身电控系统与分散式车身电控系统的区别、优缺点。

2. 简述混合式车身电控系统的优缺点。

第二章　汽车车身安全系统

§2—1　汽车安全气囊系统

一、填空题（请将正确答案填在横线上）

1. 一般驾驶员前气囊安装在转向盘中央，与喇叭开关在同一位置，称为________。前排乘客的前气囊安装在正前方的仪表板内，称为________。________是为了保护侧面安全，一般安装在座椅椅背的侧面或车门的饰板内。________是为了保护头部安全，安装在A柱内或车顶饰物内。________一般安装在仪表板下方靠近膝部的位置。

2. 汽车安全气囊系统主要由________、________、________、________等组成。

3. 按照传感器的功能不同，安全气囊传感器可分为________和________两种；按传感器的结构形式不同，又可分为________、________和________三种。

4. 机电式碰撞传感器是利用机械的运动（滚动或转动）来控制电气触点动作，常见的有________、________和________碰撞传感器。电子式碰撞传感器常用的有________和________两种。机械式碰撞传感器常见的有________，它是利用水银导电的特性来控制气囊电路的接通和切断。

5. 安全气囊组件主要由________、________、________和安全气囊系统线束组成。

6. 从气囊电脑到点火器之间的连接器采用了________，以防止连接器松脱。同时，连接器采用了防止气囊误爆的________。

7. 为了保证转向盘具有足够的转动角度且又不损伤驾驶席气囊组件的连接线束，在转向盘与转向柱管间采用了________，即将电线束安装在螺旋形弹簧内，再将电线束、螺旋形弹簧放入弹簧壳体内。

二、判断题（对的打“√”，错的打“×”）

1. 安全气囊系统是车辆发生碰撞事故时保护乘客的安全辅助装置。它与碰撞传感器配合使用，在汽车发生碰撞时为乘客提供有效的保护。（　　）

2. 当汽车遭受到碰撞导致车速发生变化时，安全气囊迅速膨胀。（　　）

3. 碰撞传感器相当于一只控制开关，其工作状态取决于汽车碰撞时的速度大小，其功用是将汽车碰撞时的速度输入 SRS ECU，用以判定是否发生碰撞。（　　）

4. 机械式碰撞传感器常见的为水银开关式，它是利用机械运动的特性来控制气囊电路

的接通和切断。 ( )

5. 汽车碰撞且减速度达到设定值时，碰撞传感器滚球的惯性力克服永久磁铁的吸引力离开两个固定触点，两固定触点处于断开状态，有碰撞信号。 ( )

6. 气囊系统只有 1 个电源，即汽车电源（蓄电池和发电机）。当汽车发生碰撞导致蓄电池和发电机与气囊系统断开时，备用电源在一定时间内（一般为 6 s）可以维持气囊系统供电。 ( )

7. 接通点火开关时，诊断单元对系统进行自检，若点亮后不熄灭，表示安全气囊系统正常。 ( )

8. 当连接器拔开时（插头拔下或插头与插座未完全接合），短路片自动将离开气囊点火器一侧插头或插座的两个引线端子断开，防止静电或误通电造成气囊误爆。 ( )

9. 安全气囊系统的检修工作在点火开关关闭时，拆下蓄电池搭铁线就可以开始。 ( )

10. 在拆卸或搬运安全气囊组件时，气囊装饰盖一面应当朝上，不得将安全气囊组件重叠堆放，以防气囊误展开造成安全事故。 ( )

11. 安装碰撞传感器时，安装方向可以随意。 ( )

12. 安全气囊系统的线束可以修复，所有零部件都可以重复使用。 ( )

三、名词解释

1. 碰撞传感器

2. 安全传感器

四、简答题

1. 简述如图 2—1—1 所示滚球开关式碰撞传感器的工作原理。

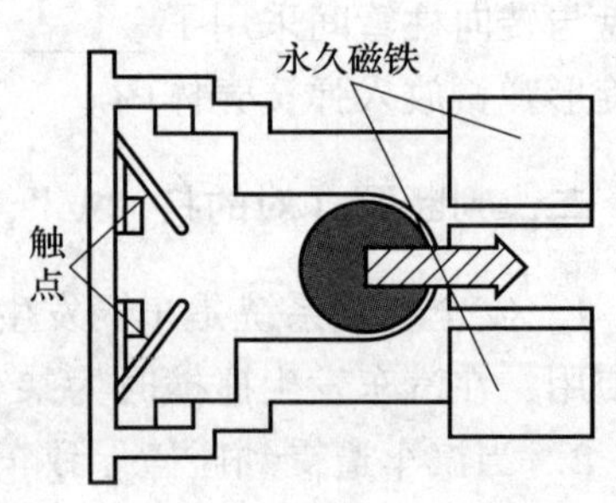

图 2—1—1 滚球开关式碰撞传感器

2. 简述如图 2—1—2 所示安全气囊防误爆机构的工作原理。

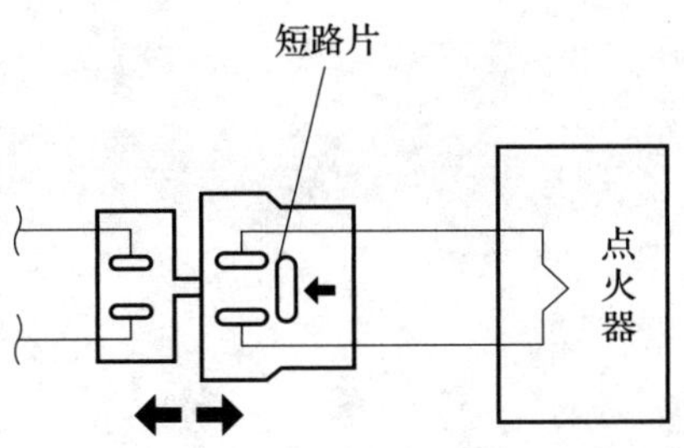

图 2—1—2　安全气囊防误爆机构

3. 简述如图 2—1—3 所示安全气囊系统的工作原理。

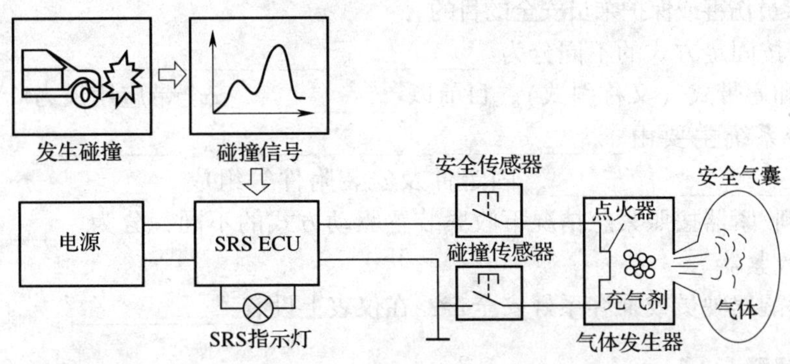

图 2—1—3　安全气囊系统

4. 简述安全气囊系统故障自诊断的过程。

§2—2　汽车安全带系统

一、填空题（请将正确答案填在横线上）

1．汽车安全带系统是一种保护乘员的＿＿＿＿＿＿。当汽车发生碰撞时，安全带就将乘员固定在座椅上，限制乘员在＿＿＿＿＿的运动，防止或减轻乘员在车内的＿＿＿＿＿＿，从而达到减轻乘员伤害或保护乘员安全的目的。

2．安全带按固定方式的不同分为＿＿＿＿＿、＿＿＿＿＿、＿＿＿＿＿，＿＿＿＿＿又分为腰带式和肩带式（又称斜式）。目前以＿＿＿＿＿＿安全带应用最为广泛。

3．安全带系统主要由＿＿＿＿＿＿、＿＿＿＿＿＿、＿＿＿＿＿、＿＿＿＿＿＿、＿＿＿＿＿、＿＿＿＿＿＿＿＿、固定件及安装附件等组成。

4．安全带收紧器按照紧急情况下收紧装置驱动方式的不同，分为＿＿＿＿＿收紧器和＿＿＿＿＿＿收紧器。

5．为了提醒驾驶员或乘客系好安全带，在仪表上设有＿＿＿＿＿＿。

二、名词解释

1．收紧器

2．限力器

三、填图题

1．填写如图 2—2—1 所示安全带系统的组成零部件。

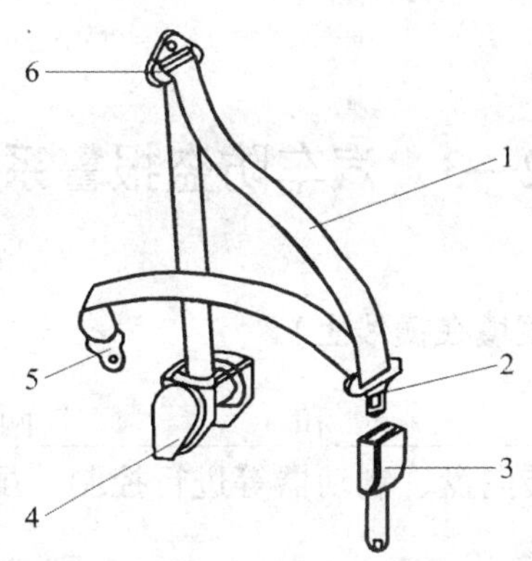

图 2—2—1　安全带系统的组成

1. ____________ 2. ____________ 3. ____________ 4. ____________

5. ____________ 6. ____________

2. 填写如图 2—2—2 所示安全带的类型。

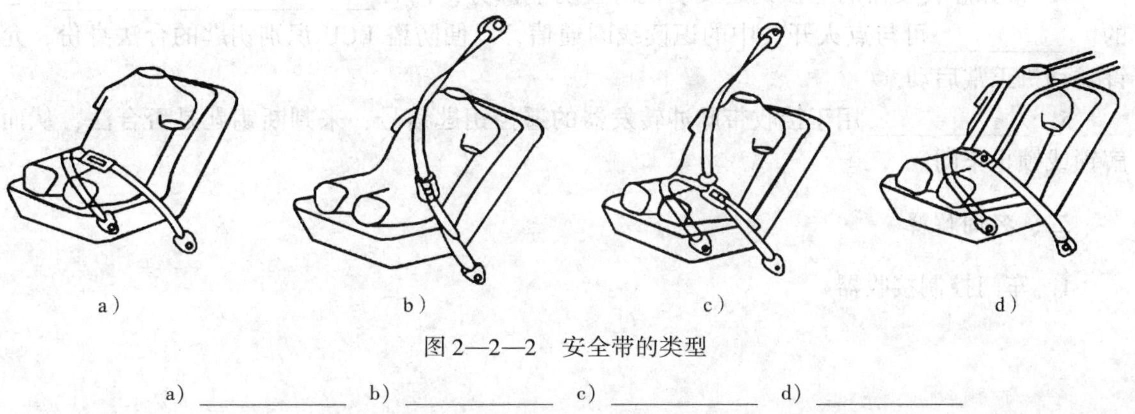

图 2—2—2　安全带的类型

a) ____________ b) ____________ c) ____________ d) ____________

四、简答题

1. 简述安全带系统的工作原理。

2. 简述安全带系统的检修方法。

§2—3　汽车防盗报警系统

一、填空题（请将正确答案填在横线上）

1. 汽车报警系统可分为＿＿＿＿＿＿和＿＿＿＿＿＿两种。＿＿＿＿＿＿防盗报警系统是用机械的方法对变速杆、转向盘、制动器等进行控制，虽然费用低，但使用不方便，安全性差，已经被淘汰。

2. 当前汽车采用的是＿＿＿＿＿＿防盗报警系统，该系统采用电子应答的方法来验钥匙密码，判断钥匙是否合法，从而决定是否允许汽车发动机正常工作。

3. 以 2010 款丰田卡罗拉轿车为例，防盗报警系统主要由＿＿＿＿＿、＿＿＿＿＿、＿＿＿＿＿和＿＿＿＿＿＿等组成。

4. 带脉冲转发器的遥控钥匙发动机防盗功能部分，内含＿＿＿＿＿、＿＿＿＿＿。它的＿＿＿＿＿＿可与点火开关中的识读线圈通信，以便防盗 ECU 识别钥匙的合法身份，允许发动机正常启动。

5. ＿＿＿＿＿＿用于接收带脉冲转发器的遥控钥匙信号，来判断钥匙是否合法，从而解锁或锁止车门。

二、名词解释

1. 车门控制接收器

2. 报警装置

三、简答题

1. 简述防盗报警系统的组成。

2. 简述如图 2—3—1 所示增强型防盗报警系统的工作原理。

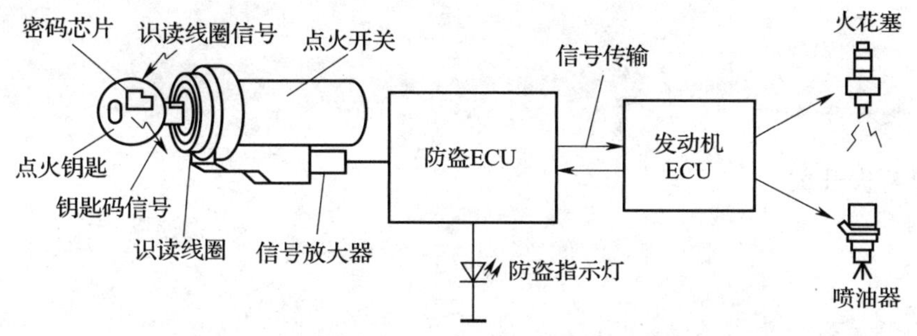

图 2—3—1　增强型防盗报警系统

3. 简述防盗报警系统在何种情况下需要重新匹配。

§2—4　汽车中控门锁系统

一、填空题（请将正确答案填在横线上）

1. 中控门锁系统主要由__________、__________、__________等组成。

2. 门锁开关的功用是将车内人员的开关操作指令传递给车身 ECU。门锁开关主要包括__________、__________、__________、__________、__________、__________等。

3. 门锁执行机构的功用是在车身 ECU 的控制指令下，实现门锁的解锁或锁止功能。门锁执行机构主要分为__________、__________和__________。

4. 中控门锁系统按功能可分为__________、__________、__________、__________、__________5 种系统。

二、名词解释

1. 儿童门锁开关

2. 门控灯开关

3. 解锁警告开关

三、填图题

1. 填写如图 2—4—1 所示电磁线圈式门锁执行机构组成部件的名称。

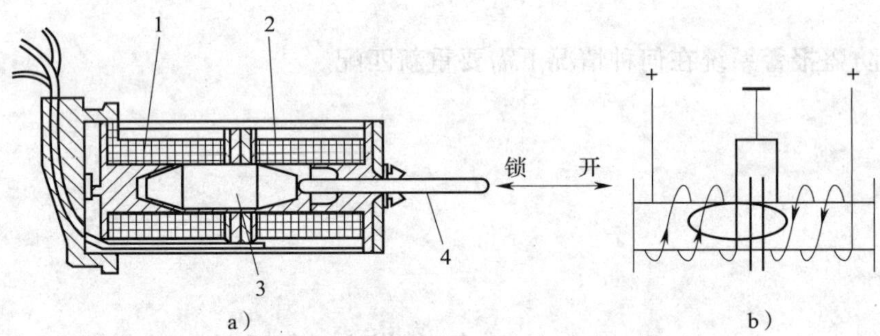

图 2—4—1 电磁线圈式门锁执行机构

a）电磁线圈式门锁执行机构的结构 b）电磁线圈式门锁执行机构的工作原理

1. ________ 2. ________ 3. ________ 4. ________

2. 填写如图 2—4—2 所示双向直流电动机式门锁执行机构组成部件的名称。

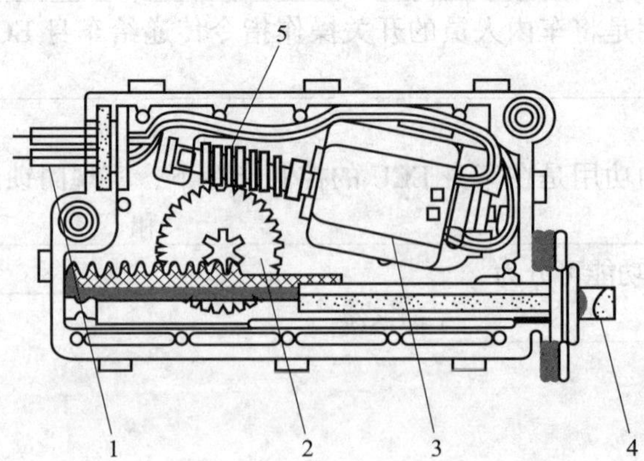

图 2—4—2 双向直流电动机式门锁执行机构

1. ________ 2. ________ 3. ________ 4. ________

5. ________

四、简答题

1. 简述中控门锁系统的功用。

2. 简述中控开关门锁系统的工作原理。

3. 简述左前门锁执行机构电路（图 2—4—3）的检修方法。

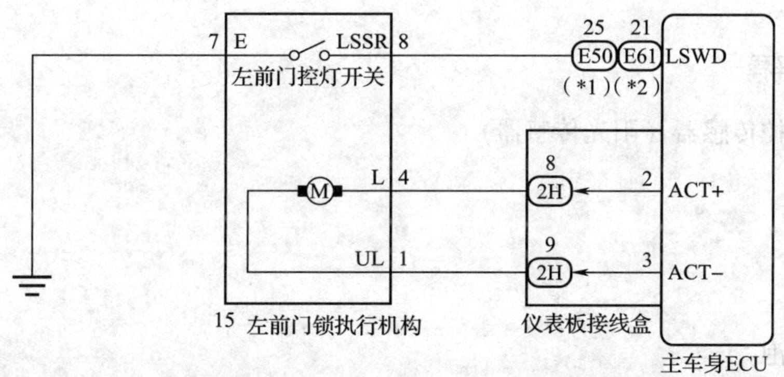

图 2—4—3 左前门锁执行机构电路

§2—5　汽车前照灯控制系统

一、填空题（请将正确答案填在横线上）

1. 汽车前照灯控制系统的功用是提供足够的__________，确保在照明效果不佳的情况下行驶的__________。

2. 为了减轻驾驶员的疲劳强度，提高驾驶的舒适性，随着技术的发展，很多汽车对前照灯增加了自动控制。例如，______________、自适应前照灯系统（___________________、_____________________）等。

3. 前照灯自动开关控制系统是由各种开关和传感器（___________、_____________、_____________）、车身ECU、执行器（_______________、_______________）等组成。

4. 前照灯自动高度调节控制系统是由传感器（_______________、_______________、________________、高度调整ECU）和执行器（_______________、_______________）等组成。

5. 随动转向控制系统由传感器（__________________、__________________等）、AFS控制模块、执行机构等组成。执行机构包括控制前照灯在水平方向转动的______________及______________。

6. 氙气前照灯控制系统主要由___________、车身ECU、____________、____________、氙气灯泡等组成。

二、名词解释

1. 自动灯控传感器（阳光传感器）

2. 卤素灯泡

3. 氙气灯泡

三、简答题

1. 简述前照灯自动开关控制系统的工作过程。

2. 简述如图 2—5—1 所示前照灯自动高度调节控制系统的工作原理。

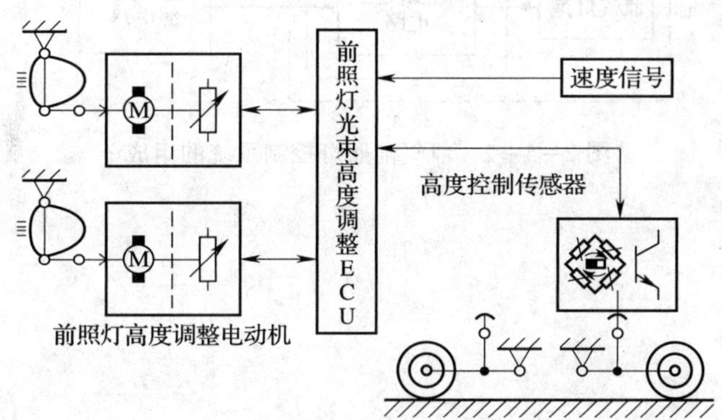

图 2—5—1　前照灯自动高度调节控制系统

3. 简述前照灯随动转向控制系统的工作原理。

4. 简述如图 2—5—2 所示氙气前照灯控制系统的工作原理。

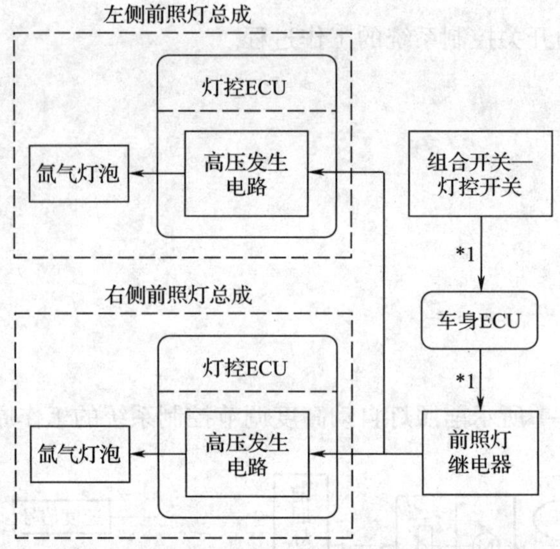

图 2—5—2 氙气前照灯控制系统的组成

§2—6 汽车胎压监测系统

一、填空题（请将正确答案填在横线上）

1. 轮胎的压力过高或过低在汽车行驶过程中会引起__________，导致轮胎__________，从而威胁行车安全和人身安全。同时，轮胎的压力过高或过低会引起__________，缩短轮胎的使用寿命。

2. 汽车胎压监测系统简称__________。

3. 目前，胎压监测系统（TPMS）主要有两种类型，一种是__________的 TPMS，另一种是__________的 TPMS。

4. 以 2013 款上汽通用别克君越轿车为例，胎压监测系统主要由__________及__________、__________、__________、车身控制模块 BCM（K9）、组合仪表 P16、驾驶员信息中心显示器 P9 组成。

二、选择题（请将正确答案选项填在括号内）

1. 基于车轮转速传感器的 TPMS 中，若轮胎压力偏（　　），轮胎的回转半径会变（　　），车轮行驶同一段距离所转过的圈数会增多。

A. 高，大　　B. 高，小　　C. 低，大　　D. 低，小

2. 车辆静止时，胎压传感器内部加速计未启动，从而使胎压传感器进入静止状态。在静止状态下，胎压传感器每（　　）进行一次轮胎气压采样，如果轮胎气压不变，则不向外发射轮胎气压的无线信号。

A. 15 s　　B. 30 s　　C. 60 s　　D. 90 s

3. 随着车速的增加，车轮的加速度启动传感器内部的加速计，从而唤醒胎压传感器，并进入驱动模式。在驱动模式下每（　　）发射一次胎压信号。

A. 15 s　　B. 30 s　　C. 60 s　　D. 90 s

4. 广泛应用于汽车的胎压监测方式是（　　）。

A. 直接式　　B. 间接式　　C. 基于车轮轮速式

三、名词解释

1. 间接式 TPMS

2. 直接式 TPMS

四、填图题

填写如图 2—6—1 所示胎压传感器各零部件的名称。

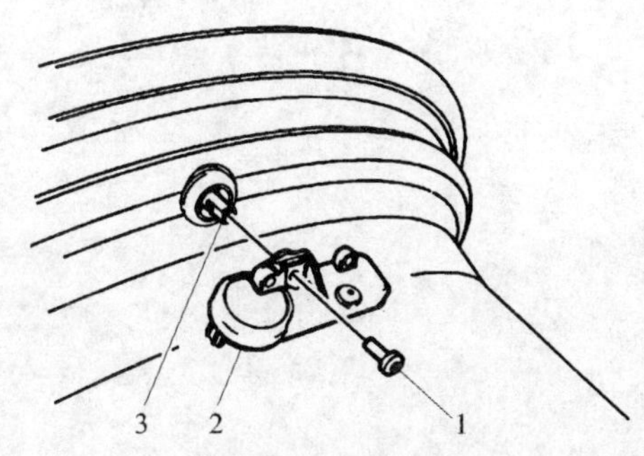

图 2—6—1　胎压传感器的组成

1. ____________　2. ____________　3. ____________

五、简答题

1．简述胎压监测系统的工作原理。

2．简述执行胎压传感器读入程序的方法。

第三章　汽车车身舒适系统

§3—1　汽车电动车窗系统

一、填空题（请将正确答案填在横线上）

1. 手动上升和下降功能是指通过车窗开关按或拉到中间位置，使车窗______________，但松开开关时，车窗会______________。

2. 一键上升和下降功能是指将驾驶员侧车窗开关按或拉到极限位置后松开，驾驶员侧车窗会________________。

3. 汽车电动车窗系统一般由________________、________________、________________、电动车窗 ECU、____________等部件组成。

4. 电动车窗升降器按传动装置的不同，分为____________和____________。

二、选择题（请将正确答案选项填在括号内）

关于电动车窗初始化，下列说法正确的是（　　）。

A. 如果更换了电动车窗电动机或电动车窗升降器，则需要进行初始化（蓄电池负极端子断开并重新连接后，没有必要进行初始化）

B. 初始化期间不应操作其他电气系统。如果电动车窗电动机的电源电压下降，则初始化将中断

C. 更换车门玻璃或车门玻璃升降槽可能导致当前车门玻璃位置与 ECU 中存储的位置之间产生差异。在这种情况下，防夹功能可能无法正常工作，应使系统返回到初始化前的状态并对系统重新进行初始化

D. 初始化完成后，自动上升功能才起作用

E. 点火开关置于 ON（IG）位置时，电动车窗主开关指示灯将开始闪烁，并且持续闪烁至初始化完成。成功完成初始化后指示灯一直亮

三、名词解释

1. 防夹功能

2. Key – Off 操作功能

3．电动车窗升降器

四、填图题

1．填写如图 3—1—1 所示钢丝绳式车窗升降器各零部件的名称。

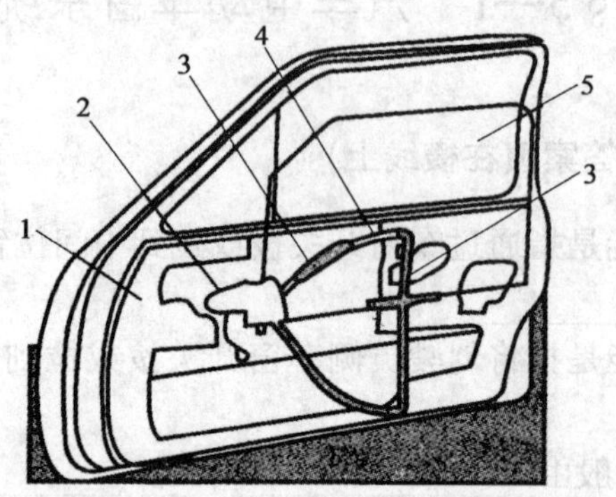

图 3—1—1　钢丝绳式车窗升降器

1. ____________ 2. ______________________ 3. ______________ 4. ______________
5. ______________

2．填写如图 3—1—2 所示交叉传动臂式车窗升降器各零部件的名称。

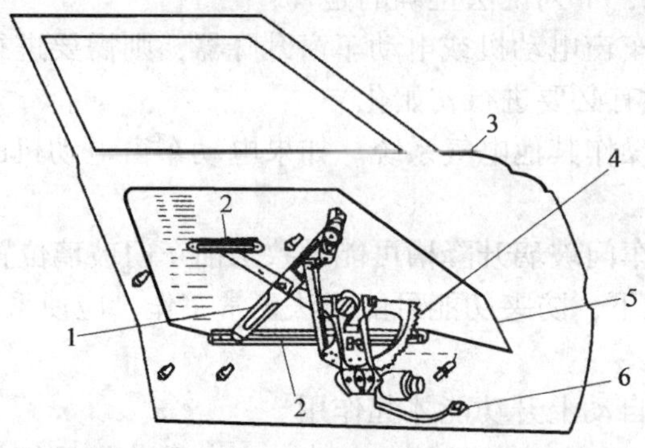

图 3—1—2　交叉传动臂式车窗升降器

1. ______________ 2. ______________ 3. ______________ 4. ______________
5. ______________ 6. ______________________

五、简答题

1．简述电动车窗一键升降的工作原理。

2. 简述电动车窗防夹的工作原理。

3. 简述电动车窗初始化的方法。

§3—2　汽车电动天窗系统

一、填空题（请将正确答案填在横线上）

1. 电动天窗位于汽车车顶，主要用于加强车内的__________，改善车内__________，调整车内的__________，提高车内的舒适性。

2. 电动天窗系统主要有__________、__________、__________、__________和防夹功能等。

3. 电动天窗系统主要由__________、__________、__________和电子控制系统等组成。

4. 天窗组件主要包括__________、__________、遮阳板、__________和__________等。

5. 以2010款丰田卡罗拉轿车为例，电动天窗的电子控制系统主要由__________、__________组成。

二、填图题

1. 填写如图 3—2—1 所示电动天窗系统各零部件的名称。

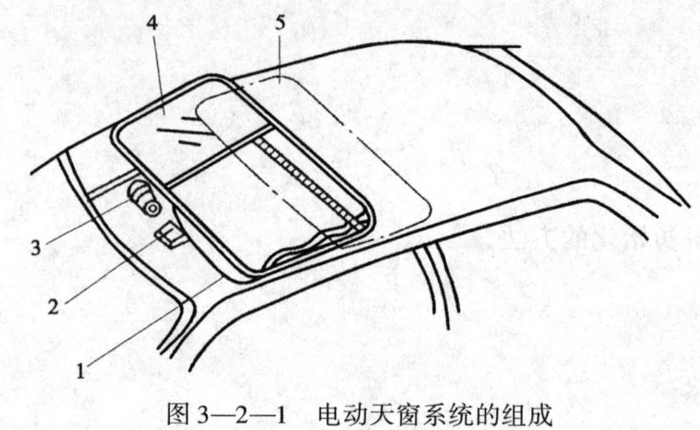

图 3—2—1　电动天窗系统的组成

1. ____________ 2. ____________ 3. ____________ 4. ____________

5. ____________

2. 填写如图 3—2—2 所示电动天窗驱动机构各零部件的名称。

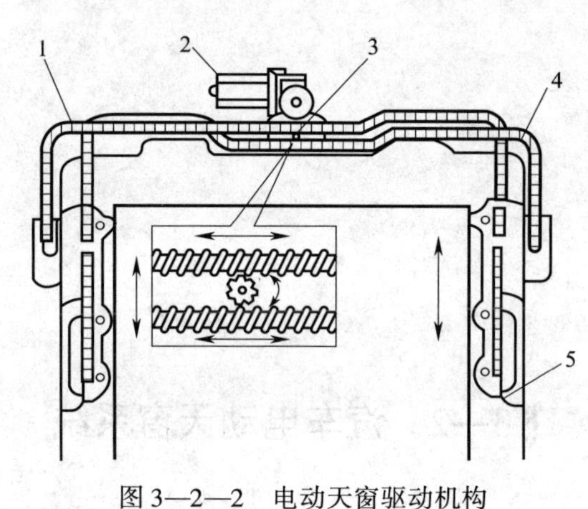

图 3—2—2　电动天窗驱动机构

1、4. ____________ 2. ____________ 3. ____________ 5. ____________

三、简答题

1. 简述电动天窗系统的工作原理。

2. 简述电动天窗系统的检修方法。

§3—3 汽车电动座椅系统

一、填空题（请将正确答案填在横线上）

1. 电动座椅可进行座椅__________位置、__________位置、______________位置、______________位置共4个位置8个方向的调节。

2. 普通电动座椅系统主要由____________、__________________、____________等组成。座椅电动机采用4个______________。

3. 带记忆功能的自动座椅系统是在普通电动座椅系统的基础上增加了4个__________、___________和3个___________。

4. 电动座椅位置传感器有两种类型，一种是________________位置传感器，另一种是_____________位置传感器。

二、简答题

1. 简述带记忆功能的自动座椅的工作原理。

2. 简述电动座椅系统的检修方法。

§3—4 汽车电动刮水器系统和电动清洗系统

一、填空题（请将正确答案填在横线上）

1. 电动刮水器系统主要由______________、______________、______________等组成。

2. 电动刮水器位于汽车转向盘的____________，通过开关的上下拨动更换开关的位置。刮水器开关位置对应的挡位有______________、______________、______________、______________、______________。

3. 刮水器电动机采用的是______________，传动机构主要有__________________、______________。

4. 风窗玻璃电动清洗器由________________、______________、软管、______________、______________及______________组成。

二、填图题

填写如图 3—4—1 所示刮水器电动机及传动机构各组成零部件的名称。

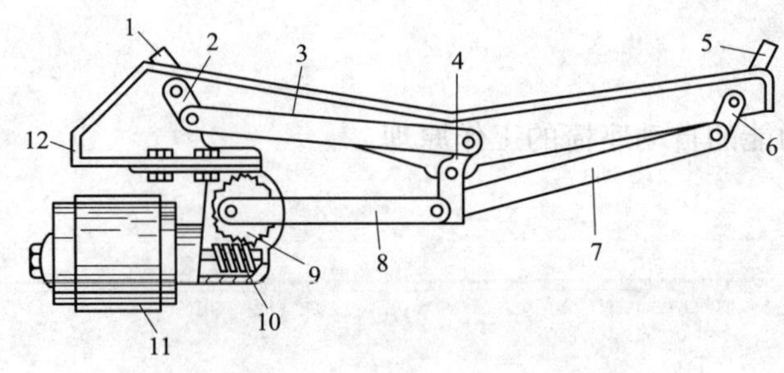

图 3—4—1 刮水器电动机及传动机构

1、5. ____________ 2、4、6. ____________ 3、7、8. ____________ 9. ____________

10. ____________ 11. ____________ 12. ____________

三、简答题

1. 简述如图 3—4—2 所示电动刮水器自动复位装置的工作原理。

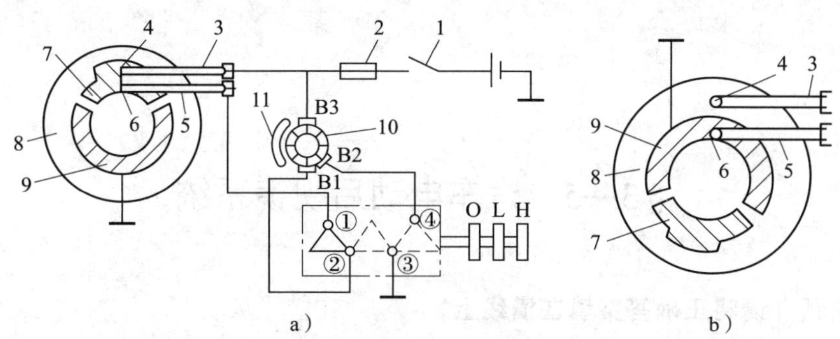

图 3—4—2　电动刮水器自动复位装置

a）电枢短路制动　b）电动机继续转动

1—电源开关　2—熔丝　3、5—触点臂　4、6—触点　7、9—铜环

8—减速蜗轮　10—电枢　11—永久磁铁

2. 简述电动清洗器的工作原理。

3. 简述电动刮水器开关的检查方法。

§3—5　汽车电动后视镜系统

一、填空题（请将正确答案填在横线上）

1. 汽车上的后视镜位置直接关系到驾驶员能否观察到车后的情况，对汽车行车的安全有重要的影响。后视镜分为＿＿＿＿＿＿＿＿和＿＿＿＿＿＿＿＿。

2. 电动后视镜的功能有＿＿＿＿＿＿＿＿、＿＿＿＿＿＿＿＿、＿＿＿＿＿＿＿＿。

3. 电动后视镜系统主要由＿＿＿＿＿＿＿、＿＿＿＿＿＿＿和＿＿＿＿＿＿＿等组成。

4. 在每个后视镜背面都有两个＿＿＿＿＿＿＿＿，一个调节＿＿＿＿＿＿＿＿方向的倾斜运动，另一个调节＿＿＿＿＿＿＿＿方向的倾斜运动。

二、简答题

1. 根据电动后视镜系统（图3—5—1），简述调整左侧后视镜向左倾斜运动的工作原理。

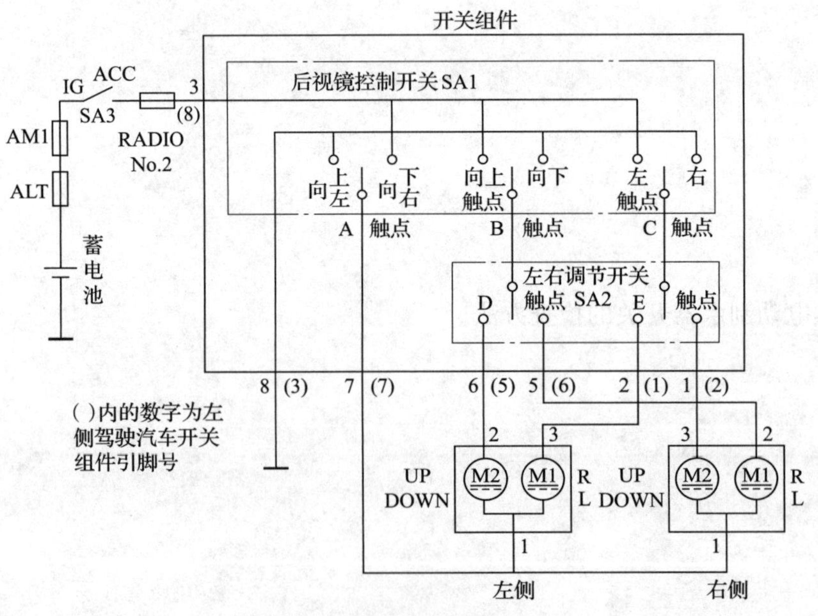

图3—5—1　电动后视镜系统

2. 简述电动后视镜调节开关的检查方法。

§3—6　汽车电动除雾系统

一、填空题（请将正确答案填在横线上）

1. 电动除雾系统一般分为______________系统和____________系统，通过车窗或玻璃上的________________的加热作用除去水或雾气。

2. 电动除雾系统主要由________________、____________、________________等组成。

3. 加热器控制开关总成包括______________和______________，其作用是加热器控制器根据开关信号控制加热器继电器闭合，给加热器供电，使电动除雾系统工作。加热器控制开关总成安装在______________________________________。

4. 当按下后窗除雾器开关，________________和________________一起工作。

二、简答题

1．简述如图 3—6—1 所示电动除雾系统的工作原理。

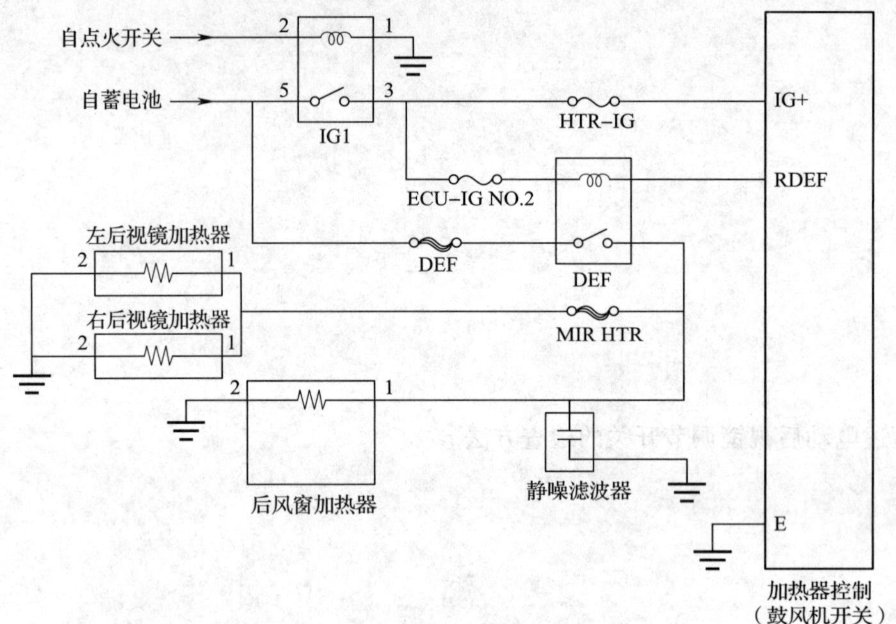

图 3—6—1　电动除雾系统

2．简述电动除雾系统的检查方法。

第四章　汽车娱乐与通信系统

§4—1　汽车车载网络系统

一、填空题（请将正确答案填在横线上）

1. 局域网常用的网络拓扑结构有__________、__________和__________3 种。

2. 车载网络系统在汽车上的应用非常多，按照应用系统加以划分，主要用于__________、__________、__________和__________4 个系统。

3. 动力 CAN 数据总线连接 3 个电控单元，分别是__________、__________和__________。

4. 舒适 CAN 数据总线传递数据的功能有__________、__________、__________、电动调节和后视镜加热控制功能及__________。

5. CAN 总线主要由__________、__________、__________以及__________组成。

6. 在 CAN 总线上传递的数据称为数据帧。数据帧由 7 部分组成，分别是__________、__________、__________、__________、__________、__________及结束域。

7. LIN 总线是__________（Local Interconnect Network，LIN）的简称，是一种低成本的__________，适用于汽车中的__________通信。

8. 光纤由__________、__________、__________和__________4 部分组成。

9. MOST 总线系统有 3 种工作状态，分别是__________、__________和__________。

10. CAN 总线故障一般分为__________、__________、__________。

11. 引发 MOST 总线网络系统故障的原因一般有__________、__________、__________以及__________。

二、选择题（请将正确答案选项填在括号内）

1.（　　）网络拓扑结构是将所有接入网络的计算机通过分接头连接到一条总线上，适用于传输距离较短、地域有限的组网环境。目前，车载网络系统多采用该类网络。

A. 环形　　B. 总线型　　C. 星形　　D. 放射形

2. 动力 CAN 数据总线传输数据的速率为（　　）kbit/s，传输一组数据大约需要 0.25 ms，每个电控单元每隔 7 ~ 20 ms 发送一次数据。

A. 62.5　　B. 125　　C. 250　　D. 500

3. 汽车上各个位置都安装有（　　）的部件，该系统线束较长，容易受到干扰，应尽量降低通信速度，提高抗干扰能力。

A. 动力传动系统　　B. 车身系统

C. 安全系统　　D. 娱乐信息系统

4.（　　）是面向闭环实时控制的多路传输高速网络，其数据传输速率为 125 kbit/s ~ 1 Mbit/s。

A. A 类总线　　B. B 类总线

C. C 类总线　　D. D 类总线

5.（　　）是国际上应用最广泛的现场总线之一，采用串行通信协议，数据传输介质选择灵活，数据传输速率高，传输距离长，是一种多主总线。

A. CAN 总线　　B. LIN 总线

C. MOST 总线　　D. 以上都是

6. 在 CAN 总线的数据传输过程中，（　　）的作用是把 CAN 控制器提供的数据转化为电信号，并通过数据传输线发送出去。

A. CAN 控制器　　B. 数据传输线

C. CAN 收发器　　D. 终端电阻

7. 在数据帧中，（　　）是真正传输给其他控制单元的信息，广播到总线中供所需节点使用，由 64 位构成。

A. 状态域　　B. 检查域　　C. 数据域　　D. 确认域

8. 若两个控制单元要同时发送各自的数据帧，则具有较高优先权的控制单元优先发送。例如，动力 CAN 数据总线传输数据的优先权依次为（　　）。

A. 发动机电控单元→自动变速器电控单元→ABS/EDL 电控单元

B. ABS/EDL 电控单元→发动机电控单元→自动变速器电控单元

C. 发动机电控单元→ABS/EDL 电控单元→自动变速器电控单元

D. 自动变速器电控单元→发动机电控单元→ABS/EDL 电控单元

三、名词解释

1. 局域网（LAN）

2. 多路传输

3. 数据帧

4. 现场总线

5. 传输协议

6. CAN

四、填图题

填写如图 4—1—1 所示 CAN 总线各组成部分的名称。

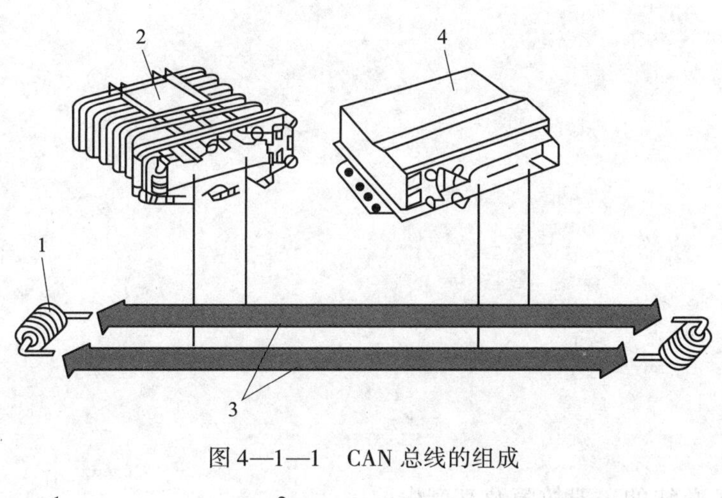

图 4—1—1　CAN 总线的组成

1. ____________ 2. ____________

3. ____________ 4. ____________

五、简答题

1. 简述 CAN 总线的组成及各组成部分的作用。

2. 简述 CAN 总线的数据传输过程。

3. 简述丰田卡罗拉轿车左前车窗 LIN 总线通信的检修步骤。

4. 简述 CAN 总线的一般故障及其产生原因。

§4—2 汽车组合仪表系统

一、填空题（请将正确答案填在横线上）

1. 汽车组合仪表主要由________________、________________、__________

__________、__________、__________、行驶里程表、挡位显示、声音报警器和指示灯等组成。

2. 曲轴位置传感器检测__________传送到发动机 ECU，发动机 ECU 计算处理后得到__________，并通过__________传送给组合仪表，组合仪表收到转速信息后在__________上显示出来。

3. 在正常情况下，发动机冷却液温度表的指示值为__________。冷却液温度传感器检测__________传送到发动机 ECU，发动机 ECU 计算处理后得到__________，并通过 CAN 总线传送给组合仪表，组合仪表收到温度信息后在__________上显示出来。

4. 汽车使用的燃油液位表有__________、__________、__________3 类。

5. 汽车里程表的作用是__________、__________和__________汽车行驶的里程。每次汽车的行驶里程是利用 ECU 通过__________产生的__________来计算并储存的。

6. 组合仪表上的指示灯，一部分为__________，提示驾驶员及时检修；另一部分表示__________。

7. 检修组合仪表时应注意，在进行电气操作前，应断开__________，以防系统发生短路。当断开以及重新连接蓄电池电缆时，应关掉__________；拆装组合仪表时，不要损坏__________、__________和__________。

8. 打开点火开关，系上或解开安全带，组合仪表上的安全带警告指示灯应__________或__________；启动发动机，使汽车在道路上行驶起来，当汽车行驶车速为__________以上时，解开安全带，仪表应发出__________。

9. 当车载网络系统存在故障码，即__________存在故障，且__________、__________、__________等信息无法在组合仪表上显示，则发动机电脑（ECM）或防滑控制 ECU 与__________之间的 CAN 总线通信存在故障。

二、判断题（对的打“√”，错的打“×”）

1. 在正常情况下，发动机冷却液温度表的指示值为 75 ~ 85℃。 （ ）

2. 汽车使用的发动机冷却液温度表有指针式和数字显示式。 （ ）

3. 汽车的挡位开关检测挡位信号，并传送给自动变速器 ECU，自动变速器 ECU 将挡位信息通过 CAN 纵向传送给组合仪表，组合仪表在挡位显示上显示出来。 （ ）

4. 当打开点火开关，汽车各电子系统自检，一些指示灯会短暂点亮，当各系统自检完成后，指示灯会自动熄灭。 （ ）

5. 数字显示式行驶里程表的仪表控制单元内使用非易失存储器 IC 来保存行驶距离的数据，即使遇到断电，仍能保存数据。 （ ）

6. 拆解组合仪表时，应先关闭点火开关，断开蓄电池负极至少 30 s 以上。 （ ）

三、填图题

根据表 4—2—1 中组合仪表系统各指示灯的标示图，填写其对应的名称。

表 4—2—1　　　　　　　　　组合仪表系统的指示灯

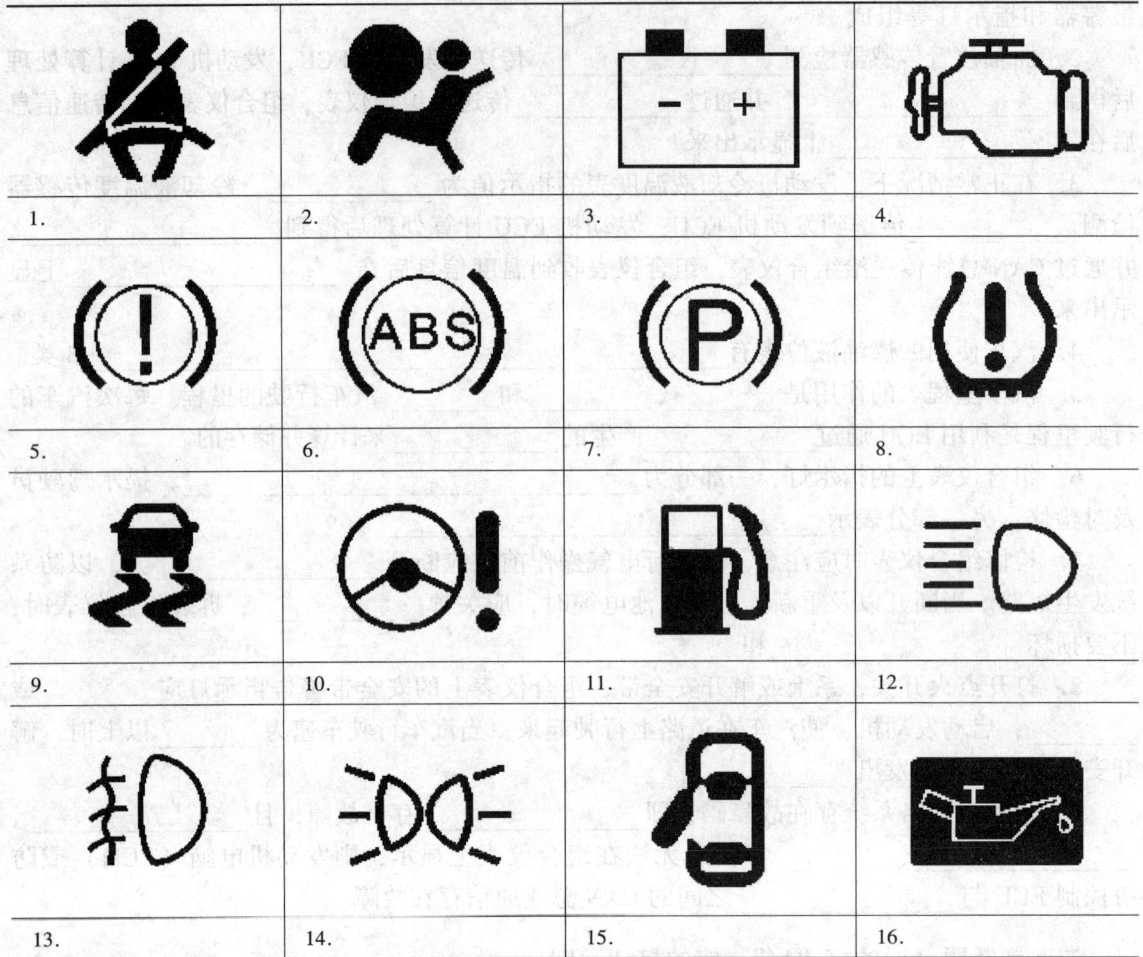

1.	2.	3.	4.
5.	6.	7.	8.
9.	10.	11.	12.
13.	14.	15.	16.

四、简答题

1. 简述汽车组合仪表的组成及各组成部分的作用。

2. 简述如图 4—2—1 所示数字显示式行驶里程表的工作原理。

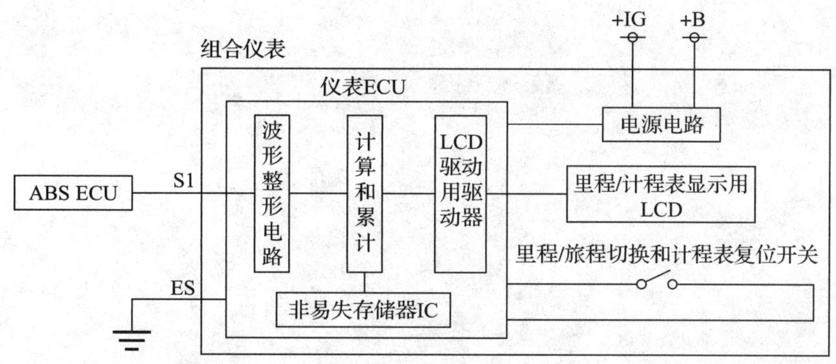

图 4—2—1 数字显示式行驶里程表的工作原理

3. 在检修组合仪表时有哪些注意事项？

4. 简述如图 4—2—2 所示组合仪表电源电路的检修方法。

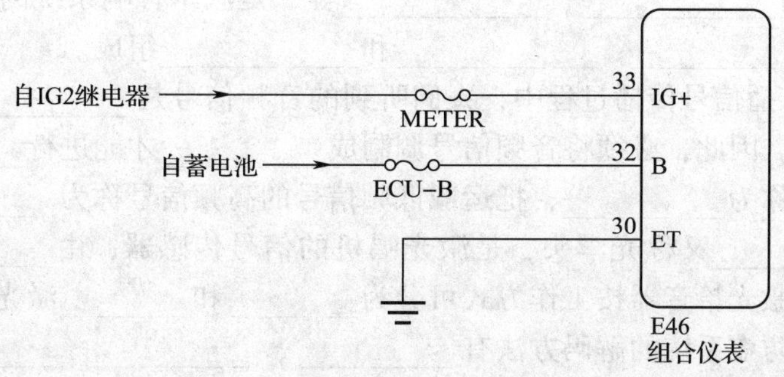

图 4—2—2 组合仪表电源电路

§4—3　汽车音响系统

一、填空题（请将正确答案填在横线上）

1. 汽车音响系统的功用有__________、__________、__________、__________以及__________等。

2. 汽车音响系统主要由________、________、__________、________和________等组成。一些中高档汽车音响上还有__________、DSP（数码信号处理器）、电子分音器、__________、________和________多媒体立体声影音系统等综合装置。

3. 天线的作用是__________________，再通过高频电缆传输给__________、________等无线电调频装置。车身上的天线主要分为在车身上伸出的__________和嵌在后窗玻璃上的__________________两种。

4. 收音机是__________，用于接收__________。广播信号分为________和________两种。

5. 激光唱盘机一般由__________、__________、__________、信号分离与处理系统、__________、控制及显示电路等部分组成。

6. 放大器的作用是将各种节目信号进行__________和__________，推动________发出声音。放大器包括__________、__________和__________。

7. 扬声器包括__________、__________等，是汽车音响系统的终端。主扬声器由__________、__________、__________和__________组成。

8. 在无线电广播信号传播过程中，人们听到的音频信号是__________，能量很小，无法进行远距离传送。因此，必须将音频信号调制成________才能进行________。通常把被传送的低频信号称为________，把运载低频信号的高频信号称为________。

9. __________又称光学头，是激光唱机的信号传感器，由________、________、________等组成。激光拾音器按工作方式可分为________和________激光两种。

10. 汽车音响防盗系统的解码方法有________、________、________及综合法等。

11. 汽车音响系统常用的检修方法有询问用户法、__________、__________、面板操作压缩法、__________、______________、__________和__________等。

二、选择题（请将正确答案选项填在括号内）

1. （　　）一般安装在后挡风玻璃上，在风窗玻璃上涂上导电漆成为天线，这种天线由主天线和副天线组合使用，防止信号衰减，以保持良好的接收条件。

A. 拉杆天线　　B. 电动天线

C. 玻璃印刷型天线　　D. 鲨鱼鳍天线

2. （　　）具有自动选歌、程序重放、遥控操作等功能，是将音乐信号或图像信号进行记录的介质，信号通过激光的光拾音作用进行非接触式读出。

A. 收音机　　B. 激光唱机　　C. 放大器　　D. 电子分音器

3. （　　）的作用是将各种节目信号进行电压放大和功率放大，推动扬声器发出声音。

A. 放大器　　B. 数模转换系统　　C. 激光拾音器　　D. 天线

4. （　　）扬声器一般只重放 7 kHz 以下的反射声，只需一个中低音喇叭即可。

A. 低音　　B. 中音　　C. 高音　　D. 环绕声

5. （　　）不属于调幅（AM）收音的工作过程。

A. 变频　　B. 中频放大　　C. 鉴频　　D. 检波

6. （　　）又称光学头，是激光唱机的信号传感器，由激光源、聚光镜、反射镜等组成。

A. 激光拾音器　　B. 机械转盘系统

C. 伺服系统　　D. 数模转换系统

7. 更换防盗集成块管脚的某些线路属于汽车音响防盗系统的（　　）解码方法。

A. 软　　B. 硬　　C. 断电　　D. 综合

8. 检修汽车音响系统时，（　　）通常采用电阻、电压及电流等检测项目，对待修机中怀疑有故障的部位及元器件进行逐一检测。

A. 面板操作压缩法　　B. 元器件替换和并联法

C. 短路检查法　　D. 万用表检测法

三、名词解释

1. 激光唱机

2. 调制

3. 高频增幅

4．数模转换电路

5．短路检查法

四、简答题

1．简述汽车音响系统的组成及各组成部分的作用。

2．根据调幅（AM）收音工作原理（图4—3—1），简述调幅收音的工作过程。

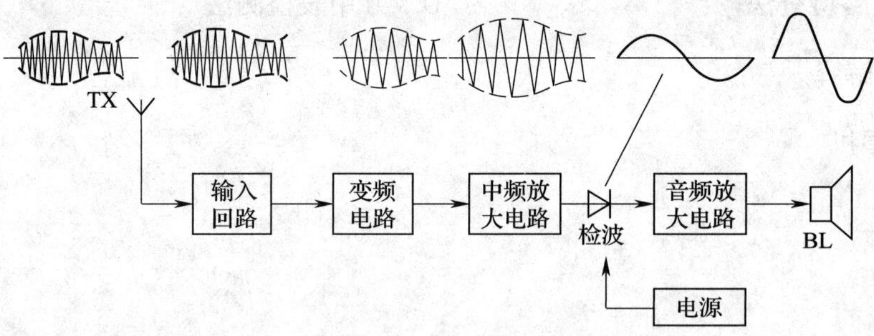

图4—3—1　调幅收音的工作原理

3. 简述汽车音响防盗系统的解码方法及适用范围。

§4—4　汽车车载电话系统

一、填空题（请将正确答案填在横线上）

1. 车载电话一般具有＿＿＿＿＿、＿＿＿＿＿、＿＿＿＿＿、＿＿＿＿＿、通讯录、＿＿＿＿＿、＿＿＿＿＿、设置时间和日期等功能。其中，部分车载电话使用多频或双频，还有一些车载电话带有＿＿＿＿＿功能。

2. 车载电话系统主要由＿＿＿＿＿、＿＿＿＿＿＿＿＿＿、车载电话副机、转向盘音响/车载电话控制开关、＿＿＿＿＿、＿＿＿＿＿、＿＿＿＿＿等组成。

3. 驾驶员使用汽车转向盘上的音响/车载电话控制开关可以方便地进行音响和车载电话操作，控制器按键 SEEK△表示＿＿＿＿＿＿＿＿＿＿；AM/FM 表示＿＿＿＿＿＿＿＿＿＿＿＿＿＿＿＿＿＿＿＿；SRCE 表示＿＿＿＿＿＿＿＿＿＿＿＿＿＿＿＿＿＿＿＿＿＿＿；VOL▽表示＿＿＿＿＿。

4. 蓝牙免提电话系统主要由＿＿＿＿＿＿＿＿、＿＿＿＿＿、＿＿＿＿＿＿＿＿、＿＿＿＿＿＿＿＿＿＿和＿＿＿＿＿等部件组成。

5. “蓝牙”为一种使用＿＿＿＿＿波段的新无线连接技术。蓝牙免提电话系统与车载电话系统相比，具有＿＿＿＿＿＿＿＿＿＿＿＿＿＿＿＿＿＿的优点。

二、选择题（请将正确答案选项填在括号内）

1. 车载电话具有的（　　）功能可以实现驾驶员在开车时，无须触碰手机（双手保持在转向盘上），只需要用语音指令即可控制接听或拨打电话。

A. 接打电话　　B. 免提　　C. 通话管理　　D. 数字拨号

2. 车载电话控制模块安装在仪表板下方、前排乘客座椅的左侧，该控制模块上有（　　）个接线连接器。

A. 1　　B. 2　　C. 3　　D. 4

3. 汽车的转向盘上安装有音响/车载电话控制开关，其中控制器按键（　　）的功能是在音响状态时短按该键静音，长按该键进入车载电话模式。此时，如果再按该键，则重拨上一次通话的电话号码。

A. SEEK　　B. SCAN　　C. SRCE　　D. MUTE

4. 在车载电话免提状态下，（　　）拾取声音信号，并将通话音源与噪声区隔离，通过车载电话控制模块从移动电话将声音信号发射出去，以达到最佳的通话品质。

A. 麦克风　　B. 右前扬声器　　C. 音响系统　　D. 移动电话

5. 为了使用免提功能，移动电话必须与车辆配对。一次至多有（　　）个装置与车辆配对，但只有一个可以随时连接。

A. 3　　B. 4　　C. 5　　D. 6

三、填图题

填写如图 4—4—1 所示汽车车载电话系统各组成部分的名称。

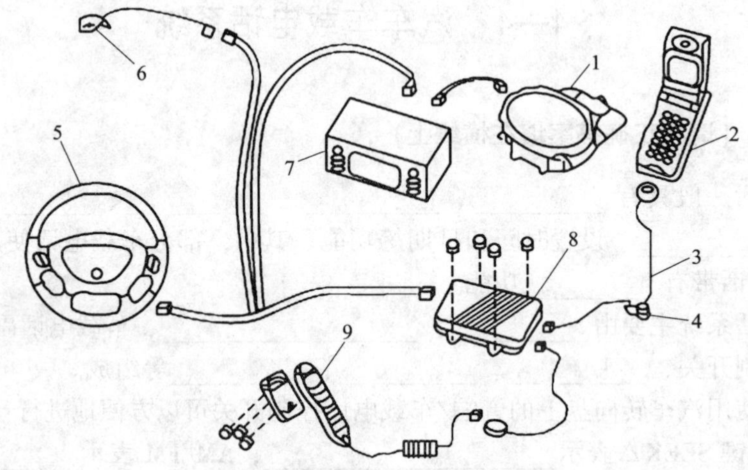

图 4—4—1　汽车车载电话系统的组成

1. ________ 2. ________ 3. ________

4. ________ 5. ________ 6. ________

7. ________ 8. ________ 9. ________

四、简答题

1. 简述汽车车载电话控制模块的作用。

2．简述如图 4—4—2 所示蓝牙免提电话系统的工作原理。

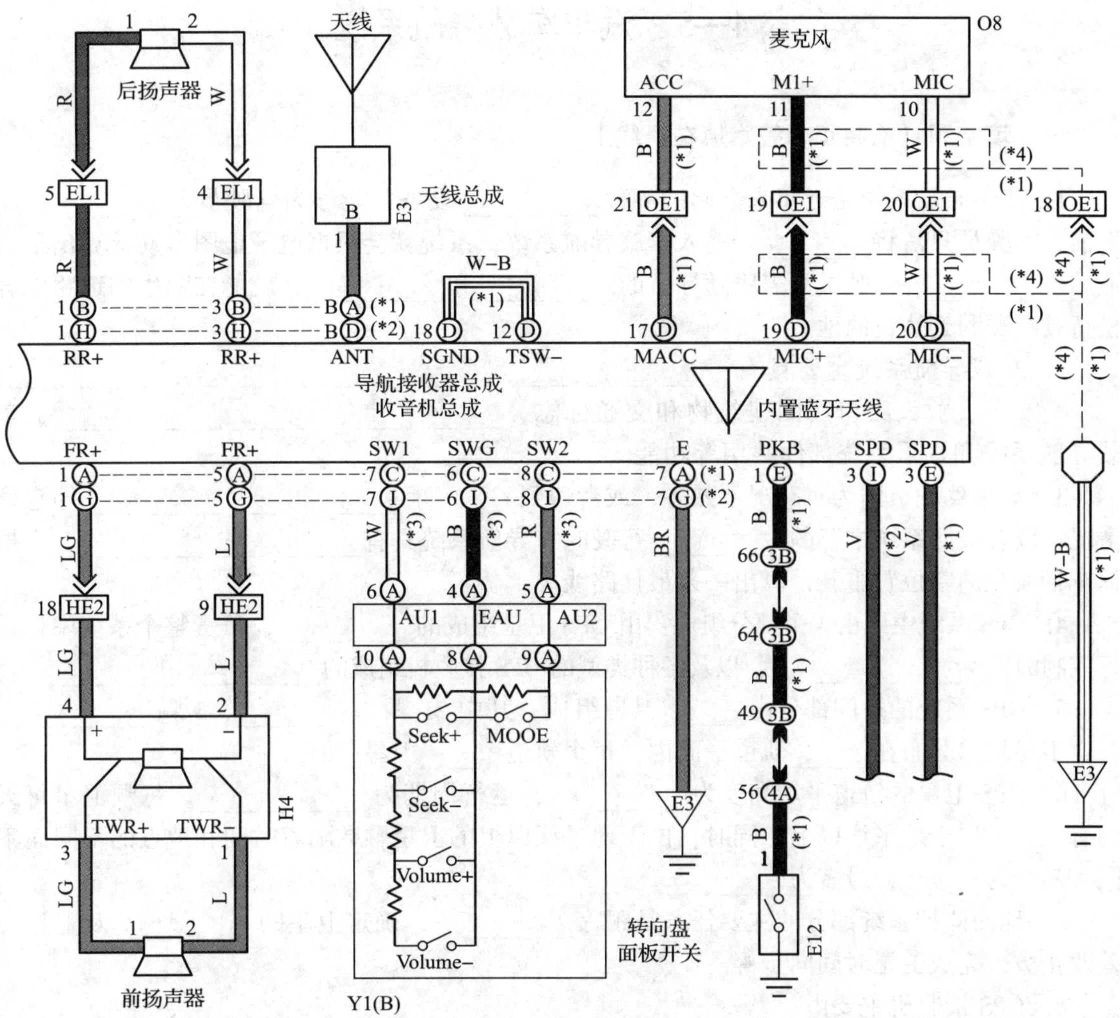

图 4—4—2　蓝牙免提电话系统

§4—5 汽车车载导航系统

一、填空题（请将正确答案填在横线上）

1．车载导航系统是近年来兴起的一种__________设备，能够为驾驶员__________。出发前，驾驶员只需将__________输入车载导航系统，系统就会根据电子地图自动计算出最合适的__________，驾驶员只需跟随导航的__________和__________，就能在陌生的道路上轻松行驶，顺利到达目的地。

2．车载导航系统主要具有__________、__________、__________、__________、放大路口周围建筑物和交通标志、__________、__________、车载导航系统和娱乐系统部件共用等功能。

3．如果驾驶员因为对路况不熟悉，或者遇到__________、__________等意外情况，没有按照系统推荐的__________行驶时，导航系统具有__________，会根据车辆所在的新位置重新计算出一条最佳路线。

4．GPS 系统主要由 3 个部分组成：由 GPS 卫星组成的__________，负责整个系统中枢运行控制的__________，以及各种类型的 GPS 接收机组成的__________。

5．GPS 系统的空间部分由______卫星组成，其中 21 颗__________，3 颗__________。各颗卫星均匀分布在______轨道平面内，每个轨道______卫星。

6．GPS 卫星的轨道平均高度为__________，运行周期为__________。每颗卫星每天约有______位于地平线以上，同时，位于地平线以上的卫星颗数随着时间和地点的不同而不同，最少为______，最多为______。

7．地面监控系统部分的主要任务是跟踪__________，确定卫星的__________及卫星钟差改正数，完成卫星时间同步等。

8．GPS 接收机主要由__________、______、________、__________、__________、__________及__________等组成。

9．汽车车载导航系统主要由__________、__________、__________、__________、__________及__________等组成。

10．车载导航系统结合了________和__________。GPS 导航是__________，采用__________；自动导航是__________，采用__________和__________。

二、选择题（请将正确答案选项填在括号内）

1．车载导航系统具有（　　）功能，当驾驶员直接输入目的地名称进行检索，或在系统上任意标注两点后，系统会自动根据车辆当前的位置，很快计算出一条到达目的地的最佳路线。

A．路线检索　　　　B．瞬时自动再检索

C．电子地图　　　　D．定位

2．在车辆行驶到交叉十字路口前（　　）处或高速公路进出口前（　　）处时，车载导航系统都会自动放大显示路口附近的全画面地图，标出汽车的位置、路口名称、到路口的距离等信息。

A．500 m，500 m　　　　B．300 m，500 m

C．300 m，300 m　　　　D．200 m，200 m

3．卫星轨道面相对地球赤道面的倾角为（　　），各轨道平面的升交点赤经相差（　　）。

A．55°，55°　　B．55°，60°　　C．60°，55°　　D．60°，60°

4．（　　）主要用于检测角速度，计算方向。

A．车速传感器　B．地磁传感器　C．导航 ECU　D．陀螺仪传感器

三、判断题（对的打“√”，错的打“×”）

1．一般道路在 300 ~ 700 m 之前，高速公路在 1 000 m、500 m、200 m 之前（按车辆当前行驶速度），导航会向驾驶员说明前方路面的情况。（　　）

2．地面监控系统部分由 3 个监测站、1 个主控制站和 5 个注入站组成。（　　）

3．GPS 系统用户接收设备部分的主要功能是接收 GPS 卫星发射的信号并进行相应的数据处理，以获得必要的导航和定位信息，来完成实时、高精度的导航和定位，满足用户的要求。（　　）

4．自动导航是指测量位置的检测，采用方向传感器（如地磁传感器、陀螺仪等）和车轮转速传感器。（　　）

四、简答题

1．简述 GPS 系统的主要组成及各组成部分的作用。

2．简述汽车车载导航系统的组成及各组成部分的作用。

第五章　其他车身电控系统

§5—1　汽车巡航控制系统

一、填空题（请将正确答案填在横线上）

1. 汽车巡航控制系统的功能是当车辆在________的道路上________行驶时，驾驶员接通________，可以借助巡航控制系统使车辆按________，解放踩加速踏板的脚，以减轻驾驶员的疲劳强度，提高舒适性和燃油经济性。

2. 汽车巡航控制系统主要由________、________、________和________等部分组成。

3. 巡航控制开关一般安装在________，采用________、________开关，也有的采用________安装在转向盘上。

4. 车速传感器安装在________，用来检测________，并将测得的车速和设定值进行比较，实现________。

5. 加速踏板位置传感器是用来检测________，从而控制________，改变汽车车速。

6. 以2010款丰田卡罗拉轿车为例，巡航控制系统工作的速度下限是________，工作的速度上限是________，超过速度限制巡航控制将________。

7. 在巡航控制系统工作期间，将巡航控制主开关设置并保持在________位置时，ECM将________的指令信号发送至巡航控制系统。当巡航控制主开关松开时，________。

二、选择题（请将正确答案选项填在括号内）

1. 巡航控制开关的（　　）开关是减速和设定巡航控制车速的开关。

A. ON/OFF　　B. CANCEL　　C. －SET　　D. ＋RES

2. 将驻车挡/空挡位置开关用于自动变速器，用来检测汽车挡位是否在（　　）位。

A. “D”　　B. “N”　　C. “R”　　D. “P”

3. 当实际车速大于设定车速时，ECM根据节气门位置传感器的位置信号，指令节气门控制电动机（　　）节气门开度，实现（　　）。

A. 减小，减速　　B. 减小，增速

C. 增大，增速　　D. 增大，减速

4. 在巡航控制系统工作期间，每将巡航控制主开关按至－SET一次，则存储车速相应下降约（　　）。

A. 0.6 km/h　　B. 1.6 km/h　　C. 2.6 km/h　　D. 3.6 km/h

5. 当巡航控制主开关从 – SET 松开且实际车速和存储车速之差超过（　　）时，行驶车速被存储并保持恒速控制。

A. 3 km/h　　B. 4 km/h　　C. 5 km/h　　D. 6 km/h

三、填图题

填写如图 5—1—1 所示巡航控制开关各方向的控制功能。

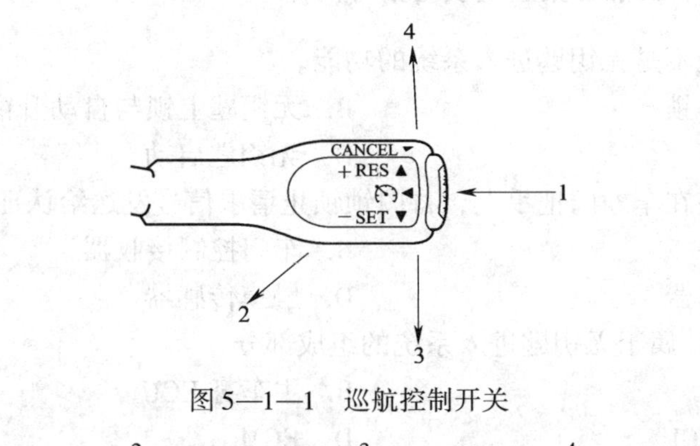

图 5—1—1　巡航控制开关

1. ____________ 2. ____________ 3. ____________ 4. ____________

四、简答题

简述在巡航控制系统工作时，执行哪些操作将取消巡航控制系统。

§5—2　汽车无钥匙进入和无钥匙起动系统

一、填空题（请将正确答案填在横线上）

1. 汽车无钥匙进入和无钥匙起动系统采用____________和最先进的____________来替代遥控钥匙的功能，为驾驶员提供了便利，也提高了汽车防盗性能和安全性能。

2. 无钥匙进入系统主要由________、____________、______、________、________、________等组成。

3. 无钥匙进入系统可以锁止或解锁车门、__________、__________和____________，

而不用操作电子钥匙，唯一要求是用户需__________。

4. 电子钥匙由______、__________________以及__________________组成。

5. ___________从认证 ECU 接收___________，并在车门周围形成__________，向电子钥匙发出______________，检测电子钥匙的存在。

6. 无钥匙起动系统由____________、____________、__________、__________、__________、__________以及____________等组成。

二、选择题（请将正确答案选项填在括号内）

1. （　　）功能不是无钥匙进入系统的功能。
   A. 无钥匙解锁　　B. 无钥匙上锁与自动升窗
   C. 防盗报警　　D. 无钥匙启动
2. （　　）安装在车外门把手上，将门锁锁止请求信号发送给认证 ECU。
   A. 锁止开关　　B. 车门控制接收器
   C. 电子振荡器　　D. 触摸传感器
3. 以下（　　）属于无钥匙进入系统的组成部分。
   A. 认证 ECU　　B. 主车身 ECU
   C. 转向锁 ECU　　D. ECM
4. （　　）代替传统点火开关的作用，安装在转向盘右侧，方便驾驶员操作。
   A. 电子钥匙　　B. 发动机开关
   C. 收发器钥匙　　D. 认证 ECU
5. 当（　　）通过收发器钥匙认证，（　　）向点火继电器供电，允许发动机启动。
   A. 转向锁 ECU，车身 ECU　　B. 车身 ECU，认证 ECU
   C. 认证 ECU，车身 ECU　　D. 认证 ECU，转向锁 ECU

三、简答题

1. 简述无钥匙进入和无钥匙起动系统的作用。

2. 简述无钥匙进入系统的工作原理。

§5—3 汽车倒车影像系统

一、填空题（请将正确答案填在横线上）

1. 汽车倒车影像系统是将________________安装在车后，驾驶员挂入________时，系统会自动接通位于车后的__________，驾驶员可以随时通过车内的__________监控车后的情况，清楚地看见车后有无____________，准确把握后方路况。

2. 倒车影像系统主要由__________、__________、____________、__________、__________和____________等部件组成。

3. __________将包含__________拍摄的车辆后视野和__________的视频信号发送至多功能显示屏，并通过接收来自__________、__________的信号，实现____________的控制。

二、简答题

简述倒车影像系统的工作原理。

§5—4　汽车雷达测距系统

一、填空题（请将正确答案填在横线上）

1．汽车雷达测距装置是一种__________装置，主要用来解决____________________问题。

2．汽车雷达测距装置主要有__________、__________和__________3 种功能。

3．汽车雷达测距装置测定车辆行驶安全距离的方法主要有__________、______________和______________3 种。

4．超声波具有声波传输的基本物理特性，即________、________、________、________和________。

5．汽车雷达测距系统主要由________、________、________、__________、____________________等部件组成。

6．前方的超声波传感器只在__________、__________置于 ON 位置，且车速小于________时工作。

二、填图题

填写如图 5—4—1 所示雷达测距系统各主要部件的名称。

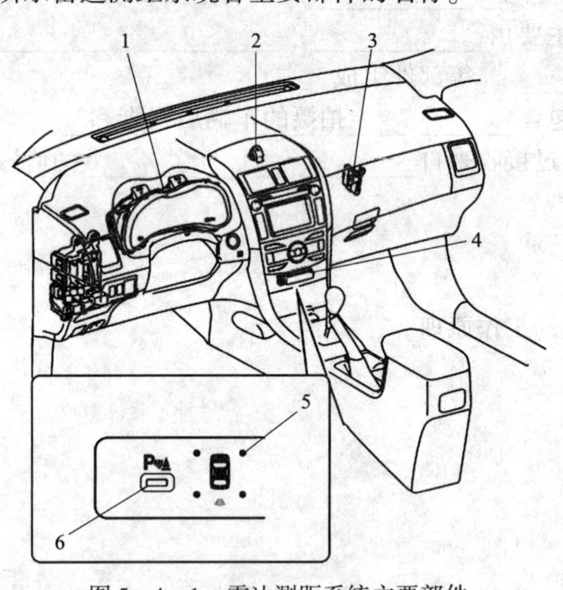

图 5—4—1　雷达测距系统主要部件

1．__________　2．__________　3．__________　4．__________

5．__________　6．__________

三、简答题

1．简述汽车雷达测距装置的常见类型及其工作原理。

2. 简述雷达测距系统的使用注意事项。

§5—5 汽车行车记录系统

一、填空题（请将正确答案填在横线上）

1. ______________可以完整、准确地______、______、______车辆行驶过程中的各种参数。

2. 行车记录仪的主要功能有______________、______________、____________、________、________等。

3. ______________行车记录仪需要专车专用，其配置功能丰富，主要由________和__________________组成。

4. ____________行车记录仪通用于各种车型，但配置功能单一，主要由______________、______、________和________等组成。

5. 汽车行车记录仪主要由________、________、________________、________________和________组成。

二、选择题（请将正确答案选项填在括号内）

1.（　　）是汽车行车记录仪的主体部分，能在汽车行驶过程中准确、客观地记录下车辆的多种工作状况，如速度、行驶轨迹等信息。

A. 记录器　　B. 传感器　　C. PC 处理软件系统　　D. 显示器

2. 记录器工作状态稳定，性能可靠，具有极高的抗电子干扰能力，并具有防潮、防火、抗震功能，工作温度范围为（　　）。

A. －25～55℃　　B. －15～65℃

C. －35～65℃　　D. －25～65℃

3.（　　）可以直接采集和设置记录器中的各项记录参数，也可采集处理器中的数据，供事故分析和存档。

A. 记录器　　B. 传感器　　C. PC 处理软件系统　　D. 显示器

三、填图题

填写如图 5—5—1 所示移动便携式行车记录仪各主要部件的名称。

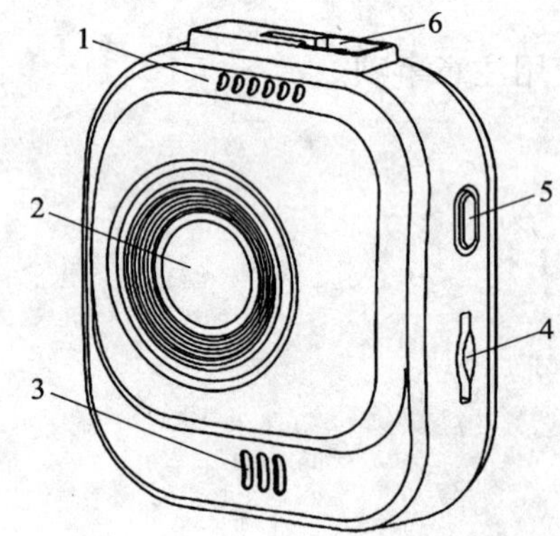

图 5—5—1　移动便携式行车记录仪

1. ________　2. ________　3. ________　4. ________

5. ________　6. ________